穿越时空之旅

解密古克里特岛

[俄罗斯] E. 扎维尔什涅娃　E. 苏斯洛娃 著
[俄罗斯] 伊娜·巴加耶娃 绘
王小婷 译

译林出版社

我们将前往克里特岛！

克里特岛就是这样的：没有络绎不绝的车流，只有海浪声；没有沥青马路，只有在细窄的乡间小道上漫步的羊群。如果你饿了，可以吃到用羊奶和橄榄做的奶酪。人们住在黏土堆砌的矮房子里；远处可见一座美丽的迷宫，克里特岛统治者就隐居在那里，应该没人能看见他。这里的一切都与众不同，甚至连最普通的猫咪们都住在宫殿里，因为它们不久前刚从埃及运来。可能无意间你就成了祭品，而且还要对你进行长时间训练，之后给你安排一场与公牛的一对一决战。可怕吧？而这才是体育课！只不过这不是学校的体育课……

我们正准备出发去三千五百多年前米诺斯文明时期的克里特岛。住在岛上的人被称作米诺斯人，他们是以著名的克里特岛国王米诺斯来命名的。而当时他们如何称呼自己？以及米诺斯人从何而来？他们用什么语言？后来又去哪里了？可能这些我们永远也不会知道。或许你能弄清楚，那么准备好你的好奇心和勇气吧……

来吧，走进历史！

目 录

时间迷宫

新石器时代
公元前6000年—公元前3300年

这个时期的克里特居民已经能够用泥浆建造简单的房子，开展农耕和畜牧业。

米诺斯时代
米诺斯王宫之前的时期
公元前3300年—公元前2000年

青铜时代的开始。米诺斯人用青铜制作武器和装饰品。他们建造了最早的船只并成为地中海最著名的航海者。

“新宫殿时期”
公元前1750年—公元前1430年

该时期为米诺斯文明繁荣发展时期。在旧宫殿的原址上修建了许多更加奢华的新宫殿，其中最著名的就是克诺索斯王宫。克里特王国成为地中海的“海上霸主”。强大的海军舰队使克里特岛免受外族的入侵，克里特人生活得安逸且富足，每天都跟过节一样。

约公元前1430年
圣托里尼岛火山（古名“锡拉火山”）爆发

圣托里尼岛上的火山爆发摧毁了繁荣的米诺斯文明。古希腊人的祖先亚该亚人占领了克里特岛。

“旧宫殿时期”
公元前2000年—公元前1750年

米诺斯社会中出现了等级分化。国王祭司成为国家首领。克里特岛上出现了最早的王宫群：克诺索斯王宫、费斯托斯王宫、马利亚王宫、卡托扎克罗斯王宫。岛上的手工业和农业不断发展。这一时期米诺斯人创造了令人惊叹的珠宝饰品，出现了卡马雷斯风格的陶瓷。

地震
约公元前1750年

克里特岛发生了可怕的地震，大部分建筑物都被摧毁了。米诺斯人不得不重新建造所有的王宫。

“后宫殿时期”
公元前1430年—公元前1370年

亚该亚人将迈锡尼文明带至克里特岛。在迈锡尼的艺术中出现了希腊元素。在壁画上描绘的各种节日场面被战争场面所替代。

约公元前1370年
出现了新的灾难

米诺斯文明终结。所有的宫殿都遭到毁坏，之后，岛上的居民建造了小村落。这个时期克里特人主要从事手工业和农业，公元前1370年之后，克里特岛成了希腊的殖民地。

绿色的克里特岛是什么样子

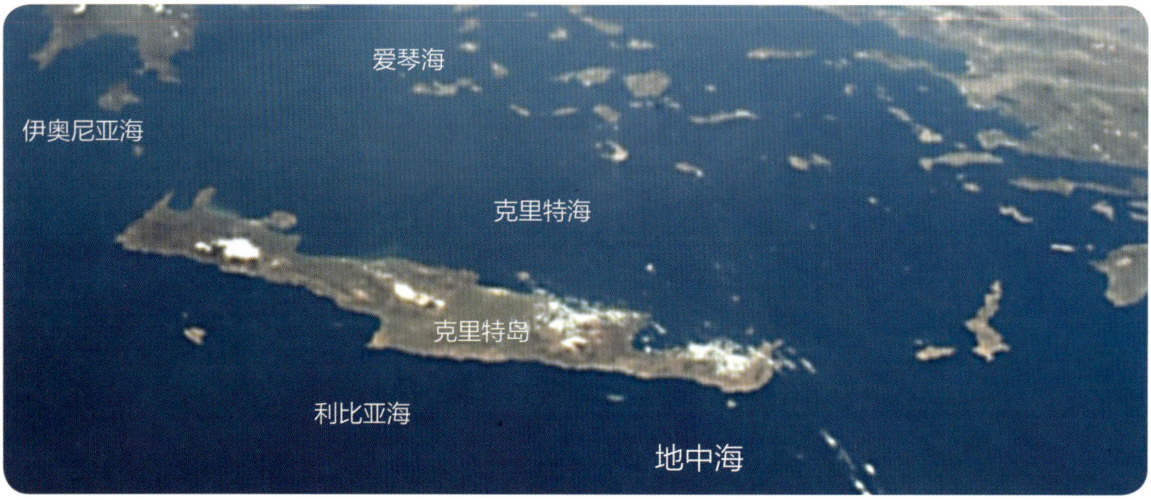

停下来，闭上眼睛，感受一下。是不是很温暖？克里特岛是一座太阳岛，一年中有三百多天的日照时间！夏季这里基本上不下雨，冬季下雨较多，而山区下雪较多，但在海边基本上看不见雪，那里甚至连寒潮都没有。

现在用鼻子吸一下空气，闻一闻，这里的空气多么清新！滚热的石头、茂密的柏树、香气浓郁的花草，有百里香、迷迭香和薰衣草。春天的山谷里会开出兰花、鸢尾、郁金香、风信子，大海的沿岸也有很多美丽的花朵，如矢车菊、罂粟花、母菊。

听见了吗？鸟儿在唱歌。这里的鸟非常多，有海燕、金翅雀、寒鸦、野鸽子和麻雀。斑鸠在灌木丛里咕咕叫，狡猾的鹞鹰和金雕暗中注视着它们的猎物，树丛里的知了高声鸣叫着。现在睁开眼睛，环顾一下周围。这里美得让人窒息！

克里特岛上的物种真丰富呀！克里特岛并不大，最窄的地方有12公里宽，最宽的地方有57公里。如果我们爬到高高的地方去，就可以俯瞰整个克里特岛。克里特岛形似一条鱼，从“鱼鳃”到“鱼尾”总长250公里！

克里特岛被爱琴海、克里特海、利比亚海和伊奥尼亚海所环绕，这些海也是地中海的组成部分。但这些都是现代的名称，至于在古代它们叫什么，恐怕没人知道了。

4000年以前，克里特岛上山脉纵横交错，基本上被森林所覆盖。现在所有的地中海岛屿在夏季到来之前都变得很干燥，土地变得像石头一样。而在以前，这里的气候更温和，雨水也更多。只是几百年过去，当人类在岛上种下了橄榄树后，岛上的野生森林就被橄榄树挤占了。

我们登上山顶，环顾四周，橡树、悬铃木、杉木、桉树一直延伸到海边。道路两旁是茂密的灌木丛，有冬青、夹竹桃，它们一年四季都开着粉色、白色和紫色的花儿。森林里有野山羊、马、狐狸、兔子等动物。

想象你是一位正在选择居住地的古代克里特人。在岛上转了一圈后，你发现岛的北部坡度较缓，非常适合作为港口。而正是在这个地方，米诺斯人建造了他们最主要的居住场所——克诺索斯王宫。岛的南部主要是一些难以攀登的悬崖，它们形成了保护岛屿的天然屏障。即使入侵者从南边靠近岛屿，他们也要花一番功夫才能登上岸。岛的西部也难以攀登，这就是米诺斯时期那里没有居民点的原因。克里特岛的中心有大量的土地，但这里没有大河，很难进行农耕，但克里特人不仅学会了将水运到家里，还能将水灌溉到田里去。

米诺斯迷宫真的存在：米诺斯文明的发现史

欧洲文明诞生于克里特岛，即地中海的正中心。数千年前，正是在克里特岛上汇集了数条商道，修建了大型的宫殿，创造了令人叹为观止的艺术作品。后来古希腊人从米诺斯文化中引进了许多东西，而古罗马和整个欧洲引进了希腊文化。

这一切是从什么时候开始的呢？历史学家和考古学家很久之前就对克里特文明感兴趣。我们从19世纪罗伯特·帕什利写的《克里特岛旅行记》中得到了关于该岛的最初信息。之后的1878年，文物收藏家米诺斯·卡洛克里诺斯开始在克里特岛上进行考古挖掘。但是这个时期的克里特岛属于土耳其，而土耳其政府禁止在克里特岛上进行进一步的研究。

海因里希·施里曼试图在克里特岛上进行考古挖掘。他读完了荷马的《伊利亚特》，相信借助书里的信息他能找到古特洛伊城。他知道，有时候在神话故事中也能有惊奇的发现。只是，那些发现需要人们去检验。

亚瑟·伊文思是米诺斯文明的第一个发现者。当时就职于牛津大学艺术与考古博物馆的伊文思得到一份带有未知文字的克里特雕刻品。之后他前往克里特岛，希望能弄明白这种神秘的文字。1900年，伊文思在克里特岛进行了挖掘工作。不久，挖掘地慢慢地显现出了一座大型宫殿的轮廓，伊文思发现了传说中的米诺斯迷宫——宏伟的克诺索斯王宫。正是伊文思将克里特岛古代居民称为米诺斯人，而那个时代则以古代的米诺斯王来命名，被称为米诺斯时代。

亚瑟·伊文思。

路易吉·裴涅尔。

克里特岛的第二大宫殿就是费斯托斯王宫。20世纪初，费得里哈·哈尔贝尔在岛上进行了考古挖掘，后来另一位著名的考古学家路易吉·裴涅尔在这座宫殿里发现了一个带有未知文字的神秘圆盘。这个圆盘被命名为“费斯托斯圆盘”。

为什么费斯托斯圆盘那么有名？请看第55页。

谁是这里的首领：国王、王后还是贵族？

如果你是米诺斯人，你可能会过上两种完全不同的生活，这取决于你生活的地方。让我们来看看，如果你出生在贵族家庭，你的命运将如何。

首先，我们来看看国王的宫殿。

你认为这只是一座居住着岛屿统治者的漂亮房子吗？不是！宫殿是城市主要的庙宇，是居住着神秘的国王祭司的神圣建筑。和国王祭司一起统治岛屿的还有女性祭司，也就是人们所说的大母神。

以祭司或女祭司为国家元首的统治方式被称为神权政治。国王和王后的主要生活内容就是参加节日活动，而政治和经济问题则由国王的亲信来解决。

克里特岛最著名的统治者是传奇的米诺斯国王。我们还知道其他一些统治神的名字，比如萨尔珀冬和拉达曼迪斯。

请看克里特的壁画：通常，女性是节日活动的中心，她们占据首要地位，而男性只占次要地位。你绝不会看到这样的场景：男性和女性平等地参与比赛，给大母神敬上礼品。

壁画《跳舞的姑娘》，发现于1500年前的克诺索斯王宫里王后的内室。
考古博物馆，伊拉克利翁。

贵族，也就是宫里的国王和王后们在社会中占据重要位置。他们居住在奢华的宫殿内室里，所有的时间都在参加节日庆典、娱乐活动、体育比赛和桌牌游戏。如果你出生在贵族家庭，那么你永远也不用工作。你会参加盛大的游行队伍，戴上黄金饰品，锦衣玉食，很少会离开舒适的住所。如果你是个男孩，更会被娇生惯养。

王宫周边还居住着国王的官员们，他们负责处理所有的国家事务。官员们负责从各个岛屿收集贡品、掌管贸易和王宫的修建。他们的责任在于保证王宫的仓库里一直有充足的橄榄油、葡萄酒和黄金。国王在各个居民点的代理人以及富有的城民和商人的生活也是如此。他们住的宫殿要小一点，负责将其区域里产出的所有财富汇集到国王那里。

克诺索斯是克里特岛上最大的城市，但是这个王国本身也是各个宫城的集合体。马利亚、古尔尼亚、费斯托斯、卡托扎克罗斯等城市一直都在克诺索斯的管辖之下，但同时它们也有一定的自由。为了便于各个城市之间的交流，当时还铺设了许多道路。

考古学家在克诺索斯王宫的废墟上找到了一个用象牙、水晶、蓝色珐琅、着色贝壳制作的游戏板。类似的游戏板在埃及法老的王宫里也发现过。

游戏板，克诺索斯王宫，公元前1600年—公元前1500年。考古博物馆，伊拉克利翁。

大海的主人

克里特岛位于地中海的正中心，这马上就让人有从这里出发去旅行的想法，看看其他的地方。如爱琴群岛、基克拉泽斯群岛、塞浦路斯岛、小亚细亚的西岸、叙利亚和埃及。克里特人曾是闻名整个地中海的勇敢航海家。这些孜孜不倦的旅行家和商人很快就掌握了海上主权。克里特岛成了各个商道的中心，同时还拥有很多财富和强大的势力。

希腊历史学家修昔底德认为，从入侵基克拉泽斯群岛起，米诺斯国王就开始逐渐扩大自己的疆土。这种入侵对双方都有好处：一方面，克里特人从基克拉泽斯人那里学到了造船术和航海术，另一方面，基克拉泽斯人与克里特人签署了和平协定，防止了外敌的入侵。

在占领了基克拉泽斯群岛之后，米诺斯人试图攻占地中海的其他地方。为了便于贸易，他们在新的领土上建了一些小的居民点。新宫殿时期就有过这类居民点，例如在罗德斯和萨摩斯就有这样的居民点。这里除了克里特的殖民者，还有当地居民。

米诺斯人最先发明了帆船。相传，著名工匠代达罗斯设想出了帆船的造型。直角帆由毛皮或亚麻线缝制而成，其力量相当于数十个桨手。是的，如此简单的船虽然只能在顺风时航行，但这已经是航海术上巨大的进步。

米诺斯船模型。航海博物馆，汉尼亚。

克里特人可能还懂得一点点天文、地理和数学知识，因为如果没有这些知识，他们就无法航行到遥远的亚细亚和非洲沿岸。我们可以在一些石制雕刻品上看到旧宫殿时期横穿大海的早期米诺斯船只。右图描绘了欧洲早期船只的外形。

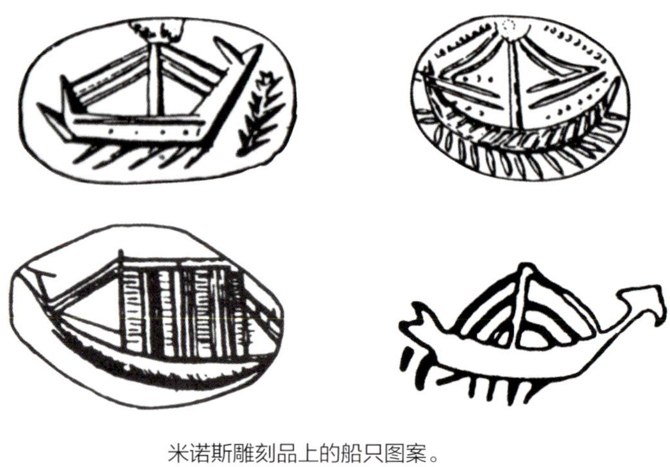

米诺斯雕刻品上的船只图案。

克里特的雕刻品是什么样的呢？
他们把在石头上的雕刻称作什么？
你可以在第52页了解到。

克里特人以这样的方式将其统治扩大到岛屿以外的地区。这些国家被称为“塔拉萨权柄”，即“海上霸国”。“塔拉萨”这个美丽的词语表示“大海”。

历史学家把米诺斯船称为龙骨船。这种船上有两排桨，主桅杆上挂着白帆，甲板上还专门为军事首领和其他重要人员安装了保护装置——敞篷，用来遮阳挡雨。

檐壁，“西边的房子”（部分）。国家博物馆，雅典。

这幅画在檐壁上的壁画叫作《海上考察》，发现于圣托里尼岛上阿克罗提尼城里的一座房子里。画中描绘了船员们经过一次远途旅行回到家乡时的情景。米诺斯人的船上载满了战利品，人们在船员身上挂满了彩带和花环。画家画了一些从水中腾起的海豚和在山林里跳跃的小鹿作为整幅画的背景。试试通过服饰来判断谁是首领、谁是商人和战士、谁是普通的米诺斯人。

米诺斯人曾是大海真正的主人：他们在海上旅行、做贸易、占领城市和岛屿。为了公正起见，这里需要指出的是，有时候米诺斯船员们根本不屑于当海盗，很多船员受雇于外国的船只，为其他海上大国效力。

画有海豚的壁画（部分），
来自米诺斯宫的王后内室，
公元前1600年—公元前1500年。
考古博物馆，伊拉克利翁。

克诺索斯王宫：古克里特岛的心脏

现在我们来认识一下克里特岛上最重要的瑰宝克诺索斯王宫，即传说中的米诺斯宫。它修建于公元前2000年初的旧宫殿时期。公元前1750年，克里特岛发生了可怕的地震，王宫全部被毁。因此，米诺斯人不得不重新修建它，而之后的克诺索斯王宫更加富丽堂皇。

今天的克诺索斯王宫。

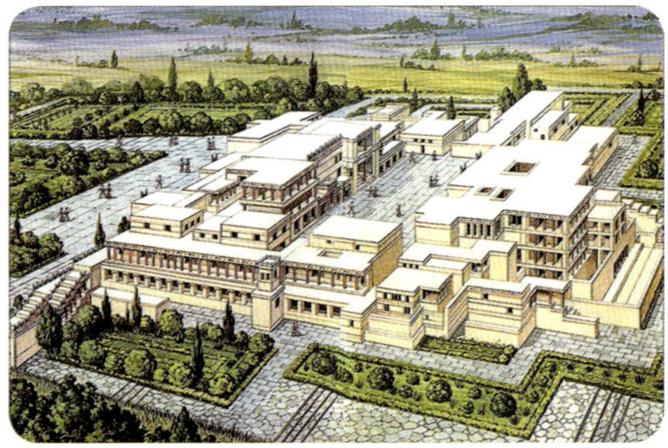

克诺索斯王宫复原图。

新王宫坐落在山丘上，占地面积约16 000平方米。可以想象当时的米诺斯人修建宫殿是多么难，因为他们既没有起重机，也没有加工石头的专业技术，而且地震随时可能再次发生。但是克里特的居民们很勤劳。想想，如果房子被震得只剩下一堆石头，你该怎么去重建呢？

克诺索斯王宫位于港湾上方，从海上很远的地方就能看见。入口处当然由卫兵把守，但是宫殿周围没有任何城墙，因为大海就是米诺斯人可靠的屏障。

带有柱廊废墟的克诺索斯王宫房间（局部）。

古希腊人第一次到达克里特岛时，被克诺索斯王宫深深震撼了，以至于古希腊人创造了一个关于克诺索斯的迷宫传说——米诺斯宫里居住着可怕的米诺陶洛斯。

有关米诺陶洛斯和其他克里特岛的神话故事，请看第42—45页。

克里特的首都克诺索斯城有近10万的人口！即使是现在，这也是一个大城市，而不是乡镇或村庄。

克诺索斯王宫的布局非常特殊且复杂。米诺斯的建筑师们并没有挖地基，他们直接将房子建在山丘的斜坡上。因此，宫殿的各个房间处于不同的水平线上，相互自由交错并由宽大的梯子连接起来。想象一下，走在宫里，白天和黑夜不停转换，走廊和奢华的大厅相互交错，有出其不意的大门、许许多多的内宫，有大房间和小房间，有密室、水池和带有彩色壁画与浮雕画的庙宇。这就是“米诺斯宫”，一座真正的迷宫！

克诺索斯王宫里藏有大量的财物，仅西储藏室就能装下24.6万升的粮食、葡萄酒或橄榄油。这么多粮食可以供整个城市的居民生活一年。米诺斯宫不仅仅是国王的寝宫，它也是城市的主寺庙及收藏雕塑品和铭牌的仓库。

克诺索斯王宫的房间（局部）。

我们闯进了迷宫！

现在我们就在克诺索斯王宫里，当然，需要戴着隐身帽，因为只有这样我们才能进去。毕竟我们既不是祭司，也不是官员，更不是国王的仆人！

首先我们登上通往西南入口的宽台阶，这是主入口。然后穿过队伍行进的大走廊，走廊里装饰着壁画。绕了一会儿，我们最终来到了正殿。

在大殿的一个角落里，正对着宝座有一个小水池。它是做什么用的呢？难道国王和王后会在里面无忧无虑地玩水嬉戏？很可能它在节日里有神秘的用途。

和正殿并排的是几个小神庙和一个宝库，考古学家在这个宝库里发现了大量的雕刻品、彩色的贝壳，以及鱼、动物和人的陶制品。宫殿的东侧屋里存有大陶缸器皿，所有大缸加起来能盛7.5万升黄油。

那宫殿里有阳光吗？阳光沿着我们现在走的方向从中央庭院照进大厅里。在走廊上，我们看见了一些暴露在太阳底下的、没有屋顶的狭窄房间。阳光和新鲜空气透过这些房间流进宫殿。

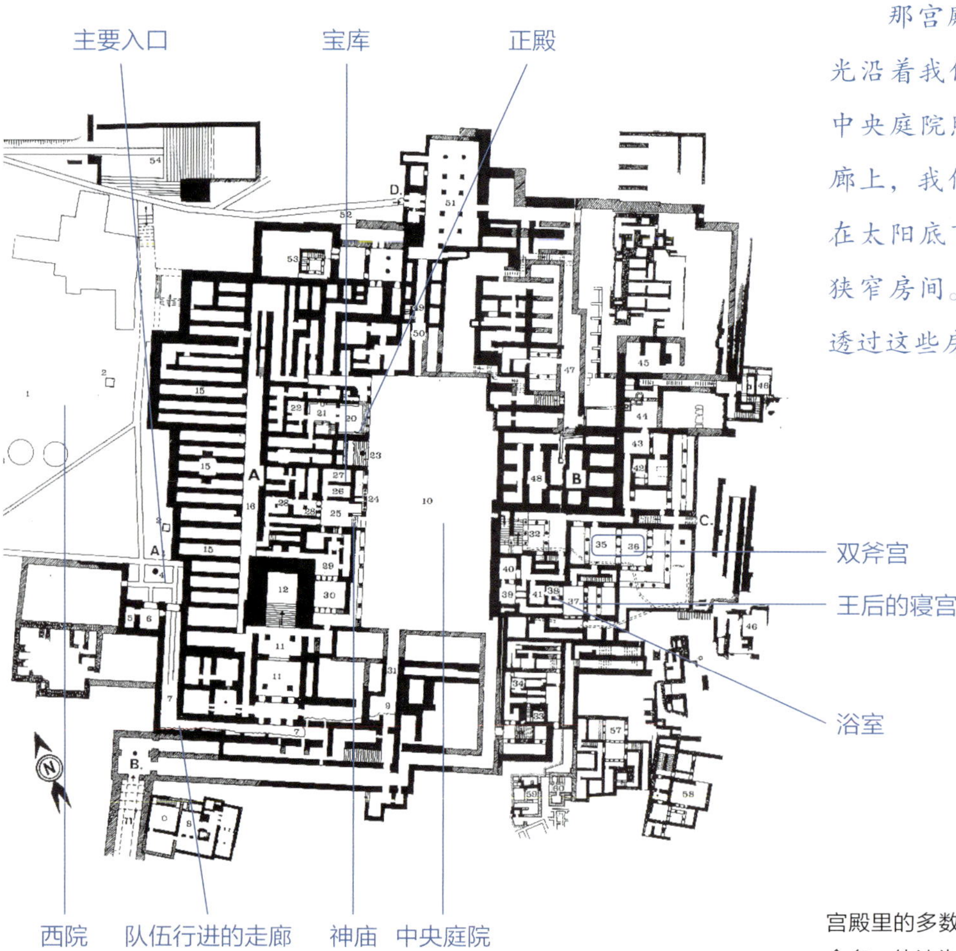

克诺索斯王宫平面图。

宫殿里的多数大厅都由亚瑟·伊文思命名，他认为宫殿里还应该有国王和王后的寝宫、神庙和仓库。

这就是中央庭院。这是一个由北向南的长方形，长为50米，相当于一个小操场的大小。庭院里铺满石板，墙壁和柱子环绕四周。它用于举行最主要的节日——斗牛赛。在连接竞技场的栅栏里可能关着一些专门用于节日的大型克里特公牛。

男祭司和女祭司监督神牛的祭祀过程，他们身前挡着特制的石膏墙，以免受到愤怒的公牛袭击，因此祭司们能轻松地看到比赛场面。如果在你周围是一只奋力摧毁祭祀品的大型动物，你会不会害怕呢？尽管有墙挡着，但还是想赶紧逃离现场，是不是？

但是这种场面也只有神职人员，也就是国王的亲信才能看见。如果你是普通城民，那只能待在连接城市的宫殿西北部，那里有剧院广场，可以坐在宽大的台阶上观看“戏剧”。在克诺索斯王宫里，像这样用于日常生活的广场和仪式厅有很多，因为克诺索斯王宫里的节日活动从未停止过。

那么在斗牛赛中到底发生了什么？
请看第40页。

深入迷宫之后，我们向东走，去往双斧宫。

顺便说一句，你知道吗？“迷宫”这个词是希腊语，它有两个含义：“令人迷惑的建筑类型”和“混乱”。“迷宫”的同根词正是“双刃斧”。来到克里特岛的希腊人在克诺索斯王宫的墙上经常见到的图案，正是双刃斧，它和神角一起成为神牛的象征性图案。双8盾牌（右方图片中）只能在宫殿里看见，因为它们对于克里特人来说很神圣。

双8盾牌的图形，克诺索斯王宫。

克诺索斯王宫的正殿。

来看看正殿。我们很幸运，因为现在这里没人，你可以走近“米诺斯王的宝座”，这可能是当时的国王祭司的宝座。殿内还有狮身鹰首怪兽雕塑，不要害怕，它们不会咬人。这些怪兽趴在草丛中，头顶上有植物的秆茎在晃动，这些植物象征着刚刚诞生的和平。

你可以在第38页找到双刃斧和神角。

廊柱是米诺斯建筑师们的另一个成果。事实上，当时的圆柱不是用石头做成的，而是由木头，通常是柏树做成的。建筑师们将圆柱安装在石头或石膏基础上，然后粉刷上色。

注意，柱子的上部被加宽了。之所以这么做，是因为这种形状的柱子带有弹簧荷载，当大地震发生时，房屋的结构会更加稳固。猜一猜，克诺索斯王宫的柱子像什么？可能你家里就有这样的柱子，只是小一点儿。看看厨房里用的小木凳，是不是也是上部较大？你可以站在上面朝各个方向晃动（但要注意安全），而凳子始终不会倒下。

廊柱，克诺索斯王宫。

现在我们来找找往回走的路。你觉得应该怎么走我们才不会迷路呢？

尽管克诺索斯王宫布局混乱，但它也是根据仪式需要建造的。它适应当地的气候，用现在的话说，它巧妙地使用了米诺斯时期的最新技术：铺设了下水管道，修建了水池，安装了暖气和风扇。学者们认为米诺斯人只会在神圣的节日里使用这些设施。

浴室，克诺索斯王宫。

下水道，克诺索斯王宫。

陶缸，克诺索斯王宫。

他是谁？克诺索斯年轻的统治者

国王的画像是古代艺术中最流行的题材，而克里特岛却是一个例外。迄今为止，考古学家也没有找到一件描绘神秘的克诺索斯统治者的壁画或雕塑。这个谜还有待研究。显而易见，在宫中的花瓶或墙壁上作画的画家要么从来没见过国王，要么被严令禁止画国王。为什么呢？

可能是因为国王居住在宫里，所以他应该生活在神秘之中。这种神秘感使人们相信国王不是人，而是神。你是否见过地球或天空的灵魂？你在森林里是否碰见过神话里的动物，如长着翅膀的马或独角兽？是否跟它们说过话？这就是克里特统治者试图不让人们看见，也不和民众交流的原因，就是为了让人们深信在宫殿里居住的不是人类，而是神。

《王子的杯子》，圣三一修道院，公元前1650年—公元前1500年。考古博物馆，伊拉克利翁。

这只杯子是人们在挖掘圣三一修道院的国王别墅时找到的，上面雕刻的是年轻的国王祭司。杯子由一种淡绿色的易加工的皂石制作而成。我们来弄清楚杯身上描绘了什么仪式以及有哪些人参加。

年轻的国王将长长的权杖或长矛放在自己面前，他脚穿高靴，大腿上缠着布带，脖子上挂着项圈，长发披散在肩上。我们看到，站在他对面的是一位军官，正恭敬地等待着国王下达命令。艺术家在杯子的另一面刻画了一些军官的随从，他们身穿牛皮盛装。这些毛皮可能就是刚刚给年轻的国王祭司进行加冕时用的祭祀圣物身上的毛皮。

毫无疑问，宫中贵族在节日盛典时能看见国王。因此，历史学家设想，在为国王及其亲信专门做的壁画、雕刻品和杯子上可能留有这位神秘人物的画像。事实上，在这幅名为《戴百合花的王子》的壁画中描绘的不是王子，而是女祭司，只是亚瑟·伊文思在复原这幅画时弄错了。毕竟我们所看到的只有手臂和腿的一部分。

《戴百合花的王子》，克诺索斯王宫，公元前1600年—公元前1500年。考古博物馆，伊拉克利翁。

在古尔尼亚的街道上

我们已经去过克诺索斯王宫了，现在我们要出发去这个绿色岛屿的东南部。为了更多地了解克里特人的日常生活，我们在米诺斯小城古尔尼亚的小道上散了一会儿步。

早在20世纪初，美国考古学家就对古尔尼亚进行了考古挖掘。到目前为止，对这个小城的研究工作还在进行中。古尔尼亚有将近3500年的历史，它修建于约公元前1600年的新宫殿时期。这个城非常小，简直就是个玩具城，它只有700位居民，相当于克诺索斯的1/150！

古尔尼亚的街道非常狭窄，驮着货物的动物很难通过。主街道宽度不超过1.5米，小巷子的宽度比这还窄，特别是在古尔尼亚西部街区。为什么当时房子的距离如此之小呢？历史学家认为，古尔尼亚人想尽量节省肥沃的土地，不用它修建房子。另一种解释就是古尔尼亚人有生活在大家庭、大公社中的习惯，这一习惯从很久之前就已经形成。那时的人们，无论远亲还是近亲都在一起干活，一起教育孩子。

古尔尼亚坐落于舒适的港湾里，因此这里的居民可以与其他城市的居民进行海上贸易，还可以捕鱼，加工海产品。你会在古尔尼亚周围看到橄榄树林和葡萄园。古尔尼亚人几乎不从事畜牧业，这是一个只有商人、手工业者、航海者和庄稼人的城市。

古尔尼亚市中心有一座总督宫，是仿照克诺索斯王宫修建而成的，不过，面积比它要小得多。在宫殿的南部是一个开放的小广场——公共庭院，城民们在这里商讨经济问题或者参加节日盛典。这个小广场还是贡品（如粮食、葡萄酒、油、陶器或青铜制品）的聚集地，之后，这些贡品将被送往克诺索斯王宫。从宫殿的北部可以看见大母神神庙，南边则是一座不知名的庙宇。

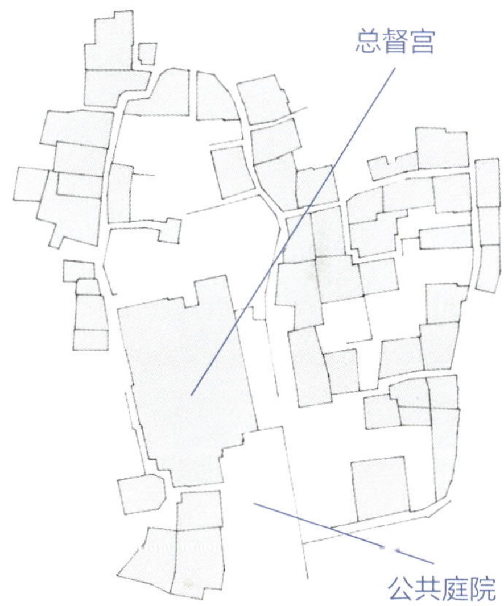

古尔尼亚平面图。

从某种程度上来说，克里特岛上的大城市都是按照同一个类型修建的。市中心是宫殿和集会广场，周围是普通城民的住所和手工业街区，离宫殿不远的地方是富人们居住的街区，他们的房子涂上了鲜艳的颜色。紧贴富人房子的是颜色较白一些的房子。米诺斯富人的房子里装有水管，有的还有自己的水池。但是古尔尼亚的富人房子并不多，实际上这里所有居民的收入都差不多。

跟米诺斯其他的城市和居民点一样，古尔尼亚没有加固过，因为古尔尼亚人从未想过他们会遭受来自海洋或陆地上的任何袭击。他们的生活平静且相对小康，直到一场可怕的灾难发生：公元前1430年，圣托里尼岛上的火山爆发了。古尔尼亚被火山毁灭，之后再也没有重建。现在的古尔尼亚并不位于古代居民点之上——从当时的米诺斯小城到现在，只有名字流传了下来。

古尔尼亚的居民

在古尔尼亚居住着各行各业的人，居民主要是手工业者，但还有官员、士兵、海员和农民。古尔尼亚以其葡萄酒、青铜制品和石刻品而著称。如果有剩余的物品，他们可以与埃及等其他国家进行交换。

我们来看看古尔尼亚居民都做什么：农民开垦田地，种植橄榄树和葡萄园；手工业者在铁器和陶器作坊里干活；商贩招揽客人来店里买东西。宫廷的广场上坐着一些抄写员，他们也是小官员，能识字，正在计算农民产出的食物，这些食物随后要送往克诺索斯国王那儿去。宫廷的门口站着一些士兵。商贩们用马车运送货物，车上载满了橄榄。在街上，你见不到航海者，因为他们经常出海，去寻找新的城市和村庄，以便和他们交换一些珍贵的货物。如果不是交换货物，那么出海就是去抢劫了。

手工业者和农民的贡品一开始都记录在陶制的表格上，之后，被送到宫廷广场上的贡品就被收入总督的仓库里，这里不断囤积大量的食物、布匹和武器。每年总督或其他有地位的城民向克诺索斯王宫运送几次贡品。他们需要带上能让他们进入宫殿的特殊印章。如果收成好，古尔尼亚使者就能得到奖励。

关于米诺斯人的日常生活我们了解得很少，因为创作米诺斯艺术品的宫廷工匠们对普通人的生活不感兴趣。

《收割人的花瓶》(局部)。

参与者中有音乐家，他们中的一人手握乐器，它很像埃及的摇鼓——一种木质的、能发出嗒嗒响的乐器。

《收割人的花瓶》，圣三一修道院，公元前1550年—公元前1500年。考古博物馆，伊拉克利翁。

克里特艺术中几乎没有描绘农民生活的作品，但也有例外。

考古学家在距离米诺斯费斯托斯王宫不远的圣三一小城里找到了皂石做成的《收割人的花瓶》。这件器皿雕刻的是丰收的节日景象。长发男祭司主持了这次节日游行，他身穿鱼鳞花纹的宽大斗篷，手持权杖，跟在他身后的是大腿上绑着细布带的农民，他们手中拿着像草叉一样的长棍子，克里特农民可能是用这些棍子将橄榄树上的成熟果实敲下来。

手工业者和农民都做什么?

当然，无论国王还是贵族都离不开修建华丽宫殿的人。

首先是手工业者，如陶器匠、石刻匠、泥水匠和珠宝匠。正是他们用双手创造了璀璨的艺术作品、服装和饰品。其次是那些服务于宫廷的人员，他们负责宫里的洗刷和修理工作，并将食物及时送到国王的餐桌上。再次是奴隶，尽管历史上没有留下奴隶的名字，但是至今我们依然能看到他们修建的克诺索斯王宫。

如果你是男孩子，那么到了一定的年纪就会被送到宫里去修建王宫或从事其他强制性劳动，这时，你就不能自由支配时间，而只能不停地完成长官交付的任务。

金色蜜蜂饰品。
考古博物馆，伊拉克利翁。

费斯托斯王宫出土的饰品。考古博物馆，伊拉克利翁。

这些饰品由米诺斯的工匠们制作，金色的蜜蜂栩栩如生。珠宝匠们努力向人们传达自然之美。

我们对农民了解得最少，他们的生活方式很少会发生变化，几百年如一日。他们耕地、养羊、捕鱼、向大地之神祈祷。农民生活得并不富裕，因为他们生产出的大部分东西都要上缴宫廷。如果你出生在一个农民家庭，那么就只能穿着朴素了。而且从很小的时候开始，你就要每天劳作，终生如此。

姑娘们的一生则要围绕着纺车、织布机和炉灶转。

米诺斯农民的一天

在农民的生产活动中，毛驴是一种不可替代的动物。人们用毛驴来搬运货物，但不用它来耕地，因为当时的人们用手耕种土地，锹和锄头作为辅助工具。山羊和绵羊在生产中很珍贵，因为它们能够提供奶和羊毛。农民没有自己的马匹，马养大了是要卖到国外去的。在圣三一修道院的棺椁上能看见大型马车，但很可能它们是随着迈锡尼人的到来才出现的。

你对猫这种家养动物很熟悉吧？但是在米诺斯的房子里没有猫。猫是从埃及传到克里特岛的，因此，只有富人才能养猫。

著名的克里特公牛不耕地，不驮运货物，也不会被圈禁起来。人们在野外观察它、抓捕它只是为了专门用于宫廷节日。祭神活动从抓捕开始，被追得发疯的公牛拼命踩踏那些追捕它的人，被踩死的追捕者会被奉为圣物献给神。

压榨橄榄油的石磙。

在阿克罗提尼城发现了陶制的蜂箱之后，考古学家知道了米诺斯人应该是掌握了酿造蜂蜜的秘诀，他们还在克诺索斯王宫里发现了存储蜂蜜的陶制器皿。

米诺斯人吃什么？关于这一点目前了解甚少。我们知道他们种植麦子、黍和大麦，收集杏仁。他们的主要食物是鱼，因为在温暖的地中海可以养殖大量的鱼。他们用地上爬的蜗牛来制作抓饭，直到现在克里特岛上还有这道菜，如果你来克里特岛，一定要尝尝！

在农民的仓库里有用山羊奶和绵羊奶酿造的奶酪，可能当时的米诺斯人也会酿造奶渣和酸牛奶。当然他们还是种植葡萄和酿造葡萄酒的能手！富人家里还会有来自埃及的食品，例如各种甜食和小麦粥。

很久之前，克里特岛就以其野生药用植物而闻名。这种药材叫作白蘚属，它还曾被传到其他国家，用来治疗胃部疾病。

壁画《番红花收割者》，克诺索斯王宫，公元前1700年—公元前1600年。考古博物馆，伊拉克利翁。

在这幅来自圣托里尼岛的壁画中，我们看见一位双手拿着两串鱼的年轻人。他捕到了很多鱼！

壁画《捕鱼者》，阿克罗提尼，约公元前1500年。国家博物馆，雅典。

在作坊里

米诺斯时期的克里特岛是古代金属加工中心之一。在这个盛产铜的岛上生产出了地中海最好的青铜器。考古学家仅在一个小小的古尔尼亚就找到了三个完整的打铁场。这里生产武器，有著名的克里特斧头以及各种工具，如锯子、刀、穿孔器、剪刀、钳子、针、纺织用的钩子和鱼钩。

古尔尼亚的打铁场都是家庭式的作坊，每个打铁场都是一个家族作坊，而不是生产青铜器的工厂。在作坊里劳作的都是男人，他们是家族公社的成员。如果现有的工具不能用了，需要制作新的工具，他们会随时使用家庭作坊来制作。

克里特和迈锡尼战士的剑，公元前1450年—公元前1400年。考古博物馆，伊拉克利翁。

可能在古尔尼亚的铁匠中也有锻造能手，他们制作的工具不仅够自家使用，也能供给整个城市。例如，在古尔尼亚的北部就发现了一座房子，里面有设施良好的铁场和木工作坊，考古学家还发现了一整套专业工具。在其他类似的作坊还发现了制作劳动工具和钉子的锻造模具，以及未曾使用过的青铜块。

在家庭作坊里繁荣发展过的不仅有锻造业，还有制陶业、织布业以及石料、皮毛、木材和骨头加工业。克里特以其优质的羊毛而著名，羊毛做的衣服不仅供贵族使用，也供给普通人。基本上家家户户都有纺车和织布机。

农民穿的衣服是用未着过色的银色羊毛或灰色羊毛制成，紫色羊毛制作的大衣只有富人才能穿，因为颜料是从微小的海洋软体动物中提取的，非常昂贵。因此，通过穿着你就可以马上判断出谁是贵族、谁是普通人。顺便提一下，给衣服上色的紫色颜料就是在约公元前1600年的克里特岛最早出现的。

在对古克里特居民点进行挖掘时，考古学家还找到了花瓶绘画者使用过的陶制圆盘、磨盘和陶制的彩色箱子。

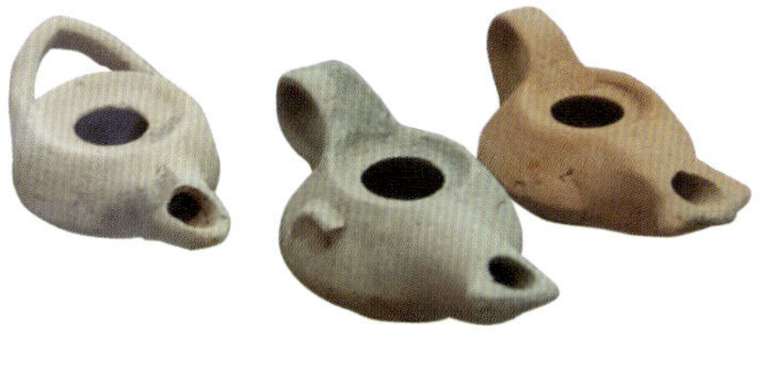

关于令人惊叹的克里特陶制品，请看第46页。

米诺斯陶制品。考古博物馆，汉尼亚。

在米诺斯人的家里

假如你是米诺斯人，你不想看看自己的房子是什么样子的吗？那么我们去房子里面瞧瞧吧。打开笨重的大门，前面是一个小走道，走道后面是通往二层的楼梯。房子分为男用和女用两个部分，中间是一个封闭的小院子，里面放着一个压榨橄榄油或葡萄汁的石磙，还有一些劳动工具。一层配有仓库，可以从旁边的入口进入，也可以通过手提木梯从二层甚至是屋顶下去。一层还有其他的场所，如商铺和作坊。

城里的房子一般有两层，其结构非常简单：下部用大石头和泥浆黏合砌成，上部由未烧制的砖块砌成，窗框和门则是木制的。各个建筑部分连接成一个公共的居住整体，即多层房屋，像一栋有很多房间的房子。每栋多层房屋里住着一户人家，从食物到羊毛线、陶制品和武器，每家人都能够自给自足。

越富有的家庭，他们的储藏室就越小，这很好理解，因为富人可以从别人那里买到必需品，而不需要自己在田里或作坊中从事繁重的劳动来获得。越贫穷的家庭，住户就越多，家畜也越多。家畜经常要和主人在一起过夜，特别是在多雨的时节。

太阳从天井里照进来。上面的楼层都是住的地方。

米诺斯陶制房子模型，阿契尼斯，公元前1600年。考古博物馆，伊拉克利翁。

房子里既没有床，也没有柜子，更没有一家人工作之后晚上聚在一起的桌子。

米诺斯人的家具到底什么样，目前我们无从得知，因为木材、毛皮和线比青铜和石头要难以保存得多。历史学家认为用藤条编制的家具在克里特最流行，克里特人还会用木头和线制作舒适的折叠椅。

米诺斯陶瓷房子模型。考古博物馆，伊拉克利翁。

从圣托里尼岛和克诺索斯王宫里发掘的陶瓷模型中，可以看到有关米诺斯房子结构的重要信息。一般这种房子有两层（有时候也有三层），其双层门和窗户由木条制成，木条将每扇窗户分成两半，还会被刷上鲜艳的颜色或直接拼成简单的几何图形。

米诺斯人神奇的服饰与发型

米诺斯时代的克里特非同寻常的节日文化让历史学家惊叹不已，但是克里特日常生活中最让人叹为观止的是宫廷贵族的服饰。在世界古代史中你找不到任何与其相似的服饰，甚至以高品位著称的埃及人服饰也比它简单得多。

克里特人设计出了一种复杂的模式化的服饰。宫廷里的妇女穿着形似钟罩的褶皱长裙。我们可以在伊拉克利翁考古博物馆里保存的米诺斯女祭司雕像上看到这种服饰，其上半身为紧身束胸衣，胸部裸露在外，纤细的腰部缠绕着蛇形腰带和华美的围裙，围裙像波浪一样一层层铺下来。长裙用几何花纹或蛇形花纹装饰，女祭司的脖子上还戴着一个或几个贵重的项圈。

当然，女祭司们只有在宫里走动、坐在剧院的包厢里、跳舞或在宴会上时才可以穿这样的服装，在擦地、做饭、旅行或军事行动时穿的则是另一套服装。

《手持礼品的男女列队》（石棺上的细节），公元前1350年—公元前1300年。考古博物馆，伊拉克利翁。

宫廷里的男人们穿着要简单得多，富有的城民穿着活动自如的宽松斗篷和衬衫，其他人穿着短围裙或缠着布带。米诺斯男人完全不像典型的男性英雄——士兵和胜利者，他们既不凶猛，也不残暴。不过，他们和米诺斯女人一样对颜色有着严格要求。他们很像参加体育比赛和宴会的不老神灵，脖子上戴着项圈，手腕和手臂上戴着珍贵的手镯和臂环。额前的头发被剃短了，后面的头发则留长，从肩膀和后背卷曲地披散下来。通常，他们的每一缕头发都会用珠串缠绕起来（男女都一样）。

男人和女人的发型看起来一样，这是不是很奇怪？历史学家认为，这说明古克里特文明中女性的统治地位。在所有神的节日和与神灵交流的活动中，女性比男性可能拥有更大优势，通过女性丰富的服饰也可以看出这一点。男性都臣服于女性，扮演着儿子或弟弟的角色，他们的精力都用在娱乐上，而非保家卫国。

在这幅著名的壁画中我们看到一位有着黑色大眼睛的美丽女士，她坐在参加祭神的人群中。这是米诺斯审美的理想形象：一切都很精致、考究，甚至在细节上也是如此。历史学家将这幅画命名为《巴黎女人》，她的鼻子小而挺拔，头发盘得很讲究，嘴巴是粉红色的，涂着口红，眼睛和眉毛都化了妆，裙子也很精致。

壁画《巴黎女人》，克诺索斯王宫，公元前1600年—公元前1500年。考古博物馆，伊拉克利翁。

米诺斯人崇拜谁?

如你所知，克里特岛上曾出现过国王，然而在米诺斯社会中占主导地位的却是妇女。在壁画上你经常能看见手持双刃斧的女祭司形象。女祭司和男性平等地给国王提供建议，他们也会共同参加危险的比赛。

《手握长蛇的女神》，克诺索斯王宫，约公元前1600年。考古博物馆，伊拉克利翁。

如果你生活在米诺斯时代的克里特岛上，那么你的全家都会相信大母神的存在，相信世界上所有的一切都在自然之母的统治之下，她神奇、丰腴、强壮、严厉。可能大母神结合数个女神于一体，每个女神都掌管着世界的一部分：有掌管野兽的女神、掌管树木的女神，还有蛇神。壁画上描绘的大母神与她的兽类同伴在一起，有狮子、猎狗、蛇和鸟。

大母神还有一些神圣的象征物，在克里特岛上到处能看到这些象征物，如室内的墙上、神庙中、花瓶和碗上。

神角，象征大母神的同伴——公牛。

双刃斧——祭神用的双面斧，它形似蝴蝶。

克里特岛上的许多宗教仪式可能是在克里特宫殿中的内庭中、山中的小神庙或大自然中（海边或树林里）举行。

在许多壁画中你会看到向大母神进献贡品的女祭司，她们身着艳丽的服装。大部分仪式是充满了力量和灵活性的竞赛，成为居民们的节日盛会。想象一下，每个节日你都要与凶猛的公牛搏斗！之后你就成了克诺索斯王宫壁画中的人物，被描绘成一个英俊而强大的胜利者，3500年之后的人们将在壁画中看到你的画像。

壁画《男女列队》，公元前1600年—公元前1500年。考古博物馆，伊拉克利翁。

石棺，圣三一修道院，公元前1350年—公元前1300年。考古博物馆，伊拉克利翁。

事实上，现在的人们对米诺斯的宗教基本上不了解，正如一位研究者马丁·尼尔松所说："米诺斯的宗教是一本充满幻想的书，但是没有署名。"

如何在斗牛赛中存活下来?

宗教仪式在米诺斯人的生活中占有非常重要的位置，每年宫廷和神庙中都要举行祭祀、剧院演出和祭司比赛。人们在这些节日里祈祷土地丰收、大海安宁祥和。

最有名的祭司比赛就是拉奎拉斗牛术，即与公牛搏斗。

公牛头角状杯，克诺索斯王宫，公元前1600年—公元前1500年。考古博物馆，伊拉克利翁。

壁画《与公牛搏斗》，克诺索斯王宫，公元前1450年—公元前1400年。考古博物馆，伊拉克利翁。

在与大公牛的搏斗中，克里特人展示出了人类的力量和灵活性，那简直就像现在的摩托车、自行车和滑板比赛一样。

在古克里特，公牛是非常重要的形象。请注意，在米诺斯文化中我们经常见到公牛形象。在岛上随处可见被称为“献祭用”的物品，这是一种大型的石制尖角，人们用它来装饰皇宫和山神庙，就像神牛从地上探出头来亲自保护这些地方一样。

在与公牛决斗时，决斗者试图让汹涌的大海平静下来，让经常发生地震和火山喷发的地方安宁下来。克里特人相信，力大无比的海洋统治神——公牛能撼动大地。

想看看这些比赛都是怎么进行的吗？为此我们要经由克诺索斯王宫的秘密通道来到内部庭院。这些矩形院落坐落于克里特岛上的宫殿里，都是中心位置，似乎所有的建筑都是从这里开始修建。庭院由北向南延伸，面积非常大。看，在被太阳晒热的石板上有几个年轻男子和姑娘，他们腿上绑着仪式用的布带，在他们对面有一头巨大的克里特公牛，它身体很长，身上有白色斑点，长着很长的牛角。

年轻决斗者的任务就是让公牛筋疲力尽，耗完它的精力，当然还不能碰到它的角。这种危险的比赛需要非同一般的力量和灵活性。看，有一个男青年抓住了牛角，正从它身上翻过去。在克里特壁画中可以经常看见这种从牛背上翻越的情景。

关于神秘岛的神话：来听听古希腊人的声音

关于克里特岛的神话我们几乎一无所知，但之后的古希腊人经常在希腊神话中谈及神秘的克里特岛及其历史。对于古希腊人来说，克里特岛的历史非常久远，因为克里特文明比古希腊文明要早得多。

现在我们坐得舒服点儿，来听听古希腊都有哪些关于克里特岛的故事。

你知道吗？希腊诸神之首宙斯就诞生在克里特岛。古希腊的神话里是这么描述的：故事发生在很久以前，当时世界还在一片混沌之中，宇宙秩序刚刚诞生，最早的神和怪兽出现了。那是一个可怕的时代，也是一个贪得无厌的时代，一切都在克洛诺斯神的统治之下。女神瑞亚是他的妻子。克洛诺斯神非常害怕失去统治世界的权力，所以他命令瑞亚把她生下的所有孩子都给他，然后他吃了所有的孩子，包括德墨忒尔、赫斯提亚、赫拉、哈迪斯和波塞冬。瑞亚不想失去自己的最后一个儿子宙斯，于是，她来到克里特岛并在迪克地山的山洞里生下了宙斯。瑞亚没有把宙斯给克洛诺斯，而是给了他一块用襁褓裹住的石头。就这样宙斯在克里特岛长大了，宁芙用神羊阿马提忒亚的羊奶喂养他，牧神潘教他吹笛子。当小宙斯哭闹的时候，年轻的卫兵就敲打自己的盾牌，以免克洛诺斯听见小孩的哭声。宙斯长大以后推翻了父亲的统治，救出了自己的兄弟姐妹，之后他成了奥林匹斯山上的众神之首。

宙斯爱上了美丽的腓尼基公主欧罗巴。一天，宙斯看见公主和朋友们在海边摘花、跳舞，他决定抢走公主，于是他变成了一头长着金色牛角的公牛。当公牛靠近时，姑娘们把它围了起来，抚摸它那金色的毛皮。公牛躺在了欧罗巴身边，请她坐在背上，当欧罗巴一坐上来，它就立刻跳起来径直飞奔到了海里。姑娘们大叫起来，但为时已晚，公牛已经跑得离岸边很远了。宙斯驮着欧罗巴游过爱琴海，将她带到克里特岛，在那里腓尼基公主生下了三个儿子：拉达曼迪斯、萨尔珀冬和未来克诺索斯的国王米诺斯。

国王米诺斯是一位伟大的统治者。因为米诺斯每九年就同宙斯在依季山洞里商议大事，所以荷马把米诺斯称作“伟大宙斯的议事者”，可以说他是宙斯最喜爱的听众，是另一个宙斯。米诺斯死后成为冥界的判官阿依达。

希腊英雄中最著名的一位英雄赫拉克勒斯也到过克里特岛。迈锡尼国王厄瑞克透斯命令赫拉克勒斯完成一项伟大的任务：将克里特公牛带来。这头牛是海神波塞冬送给米诺斯国王的，米诺斯应该将这头牛作为祭品回献给波塞冬。但是米诺斯舍不得上交这么美丽的动物，他把公牛放在自己的牛群里，给波塞冬送去了另一头公牛。波塞冬很生气，他让公牛失去了理智，发疯的公牛在岛上乱跑，毁坏了牛群和庄稼。得到米诺斯的允许之后，赫拉克勒斯制服了公牛并把它带到迈锡尼。但是，胆小的迈锡尼国王不敢把公牛留在身边，于是他让公牛恢复了自由。之后公牛被另一个古希腊英雄忒修斯制服了。

似乎是突然之间，大城市里就出现了结构复杂的大型宫殿。克里特岛的山谷中修建了一些简陋的石头房子，而且房子之间的道路非常拥挤。克里特的建筑师们是如何这么快学会建造宫殿的呢？到目前为止历史学家们也找不出答案，但在希腊神话中提到过一位著名的建筑师和雕塑家，他的名字叫代达罗斯。

代达罗斯住在雅典，他的雕刻和建筑享誉整个古希腊。他还是位伟大的发明家，发明了很多工具和技术设备。但后来代达罗斯因故不得不从雅典逃到克里特岛，米诺斯国王很高兴地收留了他。也正是代达罗斯设计并修建了著名的迷宫。代达罗斯的儿子伊卡洛斯帮助阿里阿德涅的朋友忒修斯逃离了迷宫，从而惹怒了米诺斯，禁止代达罗斯父子俩离开克里特岛。代达罗斯在岛上生活得很艰难，就像住在监狱里一样，因为无论他往哪儿逃，周围都只有无边无际的大海。

所以代达罗斯就开始想该如何从岛上逃出来。他看了看天空，大喊道："米诺斯统治了一切，但唯有空气他统治不了！"他用羽毛为自己和儿子做了一对用蜡固定的翅膀。翅膀做好之后，父子俩穿上它开始飞。代达罗斯警告伊卡洛斯在天上不要飞得太高，但是伊卡洛斯想凑近点看太阳并触摸它。他飞得越高，蜡就化得越快……最终伊卡洛斯用手臂摇动翅膀，但是手臂上已经没了翅膀，空气也载不住他。伊卡洛斯掉进海里被海浪吞噬了。代达罗斯看见后，开始喊儿子的名字，但伊卡洛斯已经听不见了，只剩下白色的翅膀漂浮在水面上。

对古希腊人来说，克里特岛可怕且神秘。可能去克里特岛并不容易，所以也就有了关于克里特岛的各种民间故事。例如，所有希腊人都知道米诺斯国王的王宫里有一头人身牛头怪米诺陶洛斯。据说，因为有一次米诺斯惹怒了海神波塞冬，之后他的妻子帕西法厄便生下了一只怪物，它就是米诺陶洛斯。米诺斯将它锁在没有出口的迷宫里。

每九年，国王米诺斯都要从他征服的雅典收取贡品。雅典人应将14名童男童女送到克里特岛，之后这些孩子被送给米诺陶洛斯当作祭品。但后来出现了一位英雄，打算将雅典人从可怕的赋税中解救出来，他就是年轻的忒修斯——雅典国王艾勾斯的儿子。忒修斯自愿前往克里特岛，希望能杀死米诺陶洛斯，解放雅典。

当忒修斯来到克里特岛，米诺斯国王的女儿阿里阿德涅看见了他，她疯狂地爱上了这位年轻的英雄。阿里阿德涅将一个线团送给了忒修斯，希望他和他的同伴们能走出迷宫。

之后，忒修斯借助阿里阿德涅的线团顺利找到了迷宫的出口。阿里阿德涅和忒修斯一起启程准备回雅典。

忒修斯将线团的一头系在入口处，然后走进迷宫深处，在那里他碰见了怪兽米诺陶洛斯并打败了它。

但在途中，忒修斯遇到了狄俄尼索斯神，他说阿里阿德涅已被许配给自己做妻子，忒修斯应该留下阿里阿德涅。忒修斯害怕违背天神的意愿，便留下了阿里阿德涅，从岛上离开了。

米诺陶洛斯的名字来自“米诺斯的公牛”。怪物经常被称为阿斯忒里亚，意思是“恒星”。有趣的是，米诺陶洛斯被描绘成全身长满眼睛的怪物，而希腊人把星星叫作“天空之眼”。

之后，“阿里阿德涅的线团”就被人们用来形容能够帮助人们脱离困境或指出正确道路的东西。

一切都在变化中：米诺斯陶瓷

米诺斯人拥有让人难以置信的观察力。看着你喜爱的碗，它像谁呢？你会说："这是个愚蠢的问题吧？我的碗能像谁？"克里特的居民们看到的是，茶壶可能有"嘴"，壶柄则像个鸭头。米诺斯人仔细观察周围的一切事物，把它们想象成动植物，还想将生命赋予无生命的物体！

克里特人早期的陶制品没有着色，也没有装饰。但是看看，有的器皿上有太阳黑斑，有的则带有变化无常的爱琴海流水和海浪的痕迹。只有烧制时温度不均衡才能形成这种奇怪的花纹，此时器皿上的淡黄色漆有的变得更暗，有的变得更亮。学者们称带有类似图案的花瓶为"带斑点的陶瓷"。

瓦西里基风格的花瓶。

鸟型米诺斯器皿。

人头型米诺斯器皿。

有时候在城里很难发现我们周围的世界是多么地变化多端，但是试着拿起相机，拍下大风天里飘着云彩的天空，然后说一说你喜欢的绕口令，再拍下第二张照片。然后，比较所拍的云彩，第一张照片里的云彩在第二张照片中已经飘得很远了。如果你突然觉得周围的世界凝固不动了，那就抬头看看天空吧！

看着米诺斯文明晚期出现的宫廷风格的花瓶上描绘的动植物，你是不是会想：草被风吹动了，变得生气勃勃了，那个章鱼要游走，藏到大海深处去了……慢慢地，花瓶上的图画变得越来越抽象。

停着好多只鸟儿的树。

克里特工匠们在表达自然界的能力方面无人能及。卡马雷斯风格的花瓶是最有名的克里特陶瓷种类。想象一下，当考古学家在一堆碎瓷片中发现了如此鲜艳美丽的器皿，该多么惊奇！

卡马雷斯风格的花瓶，公元前1800年—公元前1650年。考古博物馆，伊拉克利翁。

海洋风格的花瓶出现得较晚。猜猜为什么？在花瓶上克里特工匠们描绘的是那片环绕在他们周围的变幻无常的大海。在碗上和大陶器上可以看到盘绕的水草和美丽的贝壳。章鱼是克里特陶器的主要刻画形象。它被刻画得和器皿差不多大小，给人感觉好像是一条活的章鱼。克里特工匠们以这种方式在器皿大小和器皿的图画之间找到了平衡点。

所有的克里特艺术品始终充满了运动感。花瓶上的图片经常按照突出或递降的螺旋线排列。因此当花瓶转动时，它上面的图案也在转。

海洋风格的器皿，来自费斯托斯王宫和帕莱卡斯特罗，公元前1600年—公元前1500年。考古博物馆，伊拉克利翁。

宫殿里画了些什么？

米诺斯艺术家们一共只使用五种颜色：红色、绿色、蓝色、白色和黑色。尽管颜色使用得不多，但米诺斯艺术家却是无人能及的色彩画家。

看这些壁画，它们来自克诺索斯王宫及克里特岛其他建筑物：蓝色的鸟儿躲在草丛中，一只小猫正在暗中窥视它，白色的百合花向太阳延伸开去，飞鱼从水中跳出，白肚皮的海豚正在海浪的泡沫中嬉戏，海燕在高高的蓝天上追逐着。为了让大母神及其同伴能够感觉身处熟悉的环境之中，工匠们在米诺斯宫的墙壁上再现了这些自然场景。

壁画（局部），阿克罗提尼，约公元前1550年。国家博物馆，雅典。

克里特壁画中描绘的大部分都是植物（如百合花、番红花，少数情况下会有棕榈树）或者动物（如海豚、鱼、海星、章鱼）。

《蓝鸟》，克诺索斯王宫，公元前1600年—公元前1500年。考古博物馆，伊拉克利翁。

宫廷节日也是克里特壁画中经常出现的场景：手捧贵重礼品的跳舞中的男女，翻越大公牛背脊的勇敢运动员，佩戴鲜花的年轻观众，等等。在壁画上找不到战争或劳动的场景，只有节日。

克里特艺术家们将人的形象表现得不同寻常。一般在侧面像中人的鼻子和脚清晰可见，而在正面像中则可见眼睛、肩膀和大腿。而克里特人将两种无法融合的图放在一幅画中。观察那些有人物的壁画，你会发现被画成侧面像的人脸上出现了正面像里的眼睛。你还发现克里特壁画的其他特点了吗？

壁画（局部），阿克罗提尼，约公元前1550年。国家博物馆，雅典。

壁画《拳击》，约公元前1550年。国家博物馆，雅典。

古克里特的雕塑

在古代，人们制作人像不仅仅为了装饰，还试图借助人像接近保佑他们的神灵。石头人偶经常被放在逝者的墓旁，希望逝者在另一个世界游历时，这些石头人偶能保护他们的灵魂。所以，考古学家在这些墓地和神庙里经常能找到古代的雕塑。

历史学家认为克里特的工匠们从基克拉泽斯群岛居民那里学会了雕刻艺术。人们在基克拉泽斯群岛找到了很多地中海的小雕像，它们被称为基克拉泽斯人偶。这些小雕塑制作于公元前4世纪末至公元前2世纪初。

想象你是一位考古学家，找到了一尊石头雕像，猜猜它是用来做什么的？仔细看看这些人偶的造型，它们的手交叉在胸前。想想这是为什么？猜出来了吗？这些基克拉泽斯人偶放在墓地里，可能是被当作死者的护卫。

基克拉泽斯人偶。考古博物馆，伊拉克利翁。

克里特工匠们创作的雕塑比基克拉泽斯岛的更加鲜艳、生动。看，这是《手握长蛇的女神》。学者们认为这座雕塑大约创作于公元前1600年。亚瑟·伊文思在克诺索斯王宫里的一个密室里找到了好几个这样的雕塑。女神身穿鲜艳的裙子，裙子上有克里特独有的裙褶，同时双手被蛇所环绕。这些雕塑可能用于各类仪式当中。

《手握长蛇的女神》，克诺索斯王宫，约公元前1600年。考古博物馆，伊拉克利翁。

不过在克里特岛上找到的不只小雕像，阿基亚·艾里尼在神庙中还发现过约公元前1550年至公元前1500年的大型陶制雕塑。其高度在六七十厘米到正常人身高之间。学者们认为这些雕塑曾用于仪式当中，《手握长蛇的女神》是其缩小复制版。

米诺斯人经常创作祈祷者的形象。看这些来自加兹的雕塑，其中一个雕塑的头上有几只小鸟，另一个的头上插着罂粟果。这是为什么呢？

女性雕塑要常见得多，这与大母神崇拜有关，大母神在米诺斯万神殿里占据首要位置。

陶制小雕像，来自加兹，公元前1500年一公元前1450年。考古博物馆，伊拉克利翁。

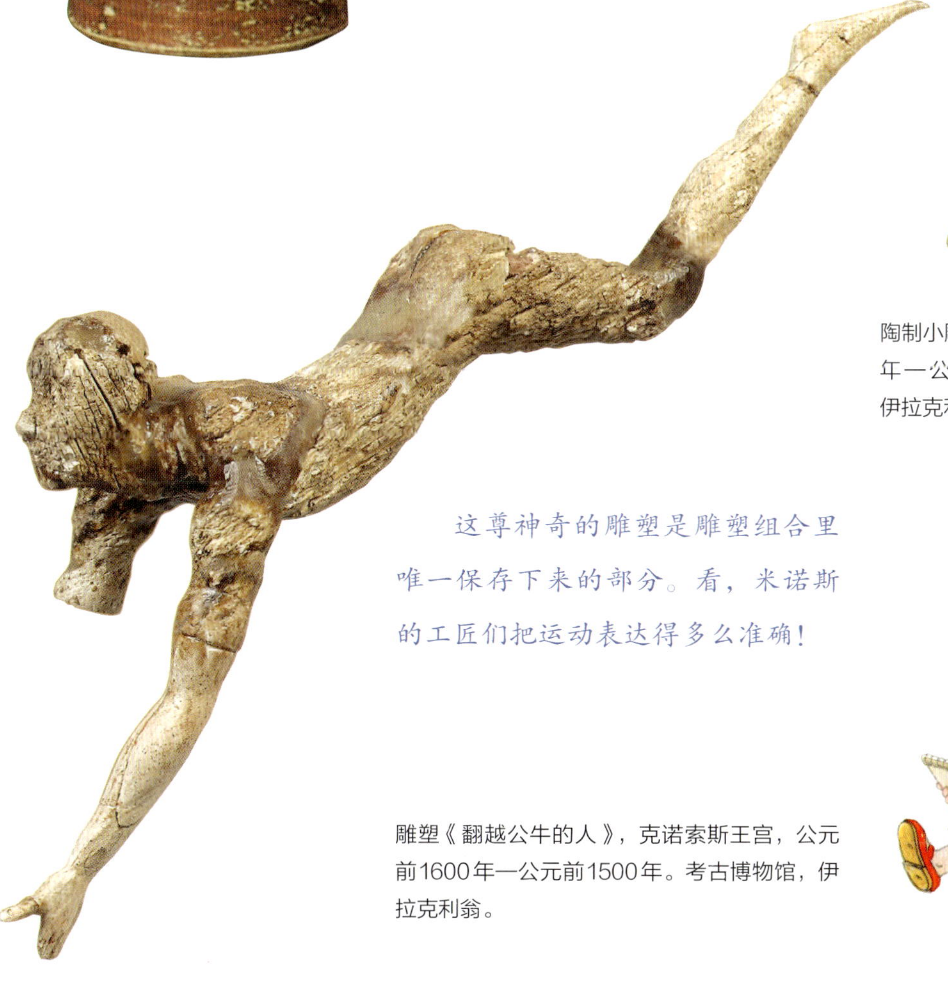

这尊神奇的雕塑是雕塑组合里唯一保存下来的部分。看，米诺斯的工匠们把运动表达得多么准确！

雕塑《翻越公牛的人》，克诺索斯王宫，公元前1600年一公元前1500年。考古博物馆，伊拉克利翁。

米诺斯戒指和宝石

米诺斯的工匠们拥有顶级的石雕技艺。大量的克里特戒指和宝石雕刻品保留至今。宝石是一种装饰性石头，属于半贵重或贵重物品，上面有非常细微精巧的人工雕刻。米诺斯人还能在一些小石头上刻画完整的故事情节。

取一块橡皮泥，然后在上面刻出你和家人在海边休息的图画。很复杂吧？但克里特的工匠们却能将图画刻在石头上！我们对米诺斯人了解甚少，而这些宝石和雕刻品对我们来说是一份贵重的礼物，因为石头将古代绘画完整地保留了下来。

刻有故事情节的米诺斯戒指。

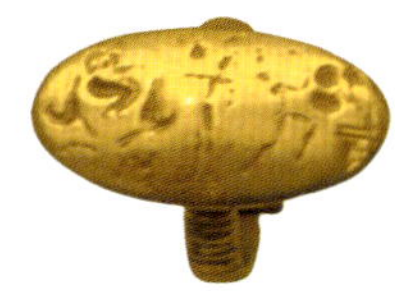

宝石雕刻有两种——凹雕和浮雕，凹雕就是将图画刻进石头里，浮雕则是雕刻的图画凸出来。

刻有女神和王后像的雕刻品。

神灵显现的场景称为显灵。这在克里特雕刻品上经常出现，尽管到目前为止我们仍不知道大母神本人及其随从女祭司在哪里显现过。

在雕刻品上我们能够看见最古老的帆船图像，再看得仔细点，你甚至能看见在海里游动的鱼。

在雕刻品上经常能见到打猎和神灵显现的图画。其中，最神秘的题材就是米诺斯戒指上的图画。米诺斯戒指发掘于距离克诺索斯王宫不远的地方，它制作于公元前1550年。

戒指上塑造了五个人形图像，其中三人坐在石头上，一人划着小船，还有一位最小的在天上飞。

右边是一个坐着的妇女形象。学者们认为这是大母神像。

周围到处都撒着魔术石，这是一种象征着古代女神的神石。

两位女祭司（左边和中间）正在跳祭神舞。在米诺斯的图画中经常出现压弯树枝的人物形象，可能这象征着土地的肥沃。

米诺斯戒指，约公元前1550年。考古博物馆，伊拉克利翁。

往下可以看到小船上立着一座庙宇，可能展现的是大母神带着整个世界在狂风暴雨的海上航行的情形。

保护神常常是米诺斯雕刻的主角。右图描绘了长着兽脸和鳄鱼脊背的怪物。人们认为这些形象是根据埃及女神陶尔特创作而来。保护神是祭神仪式中的特别助手，照看树木和植物的嫩枝也是他们的职责。

米诺斯的“保护神”。

关于大母神详见第38页。

尚未解读的符号：古克里特人的语言和文字

如果你出生在古克里特岛，你不会自称米诺斯人。“米诺斯人”是亚瑟·伊文思给岛上的居民起的名字。我们不仅不知道那时候的克里特人如何称呼自己，更不知道他们使用哪种语言。米诺斯人只给我们在铭牌、雕刻品和宝石上留下了一些神秘的文字。这些符号隐藏了什么呢？

克里特的文字对我们来说仍是个秘密。亚瑟·伊文思在克里特岛上待了很多年，他找到了米诺斯迷宫，写了一部关于米诺斯王宫的四卷本著作，猜测了各种神秘符号，但是他仍无法阅读克里特文字。他将在克里特岛上找到的所有符号分为三类：字符、A类线形文字和B类线形文字。

刻有象形文字的陶制铭牌。
考古博物馆，伊拉克利翁。

克里特象形文字出现在公元前2000年初。之后，在亚该亚人征服克里特岛之前，克里特文字就消失了。这些图片上的符号可能是克里特人自己创造出来的，而不是从埃及人那里引进的，尽管有些文字符号很像埃及文字。我们能在古克里特的玻璃和玉石雕刻品上见到这种文字。目前无人能猜出它的意思，你要不要试试？

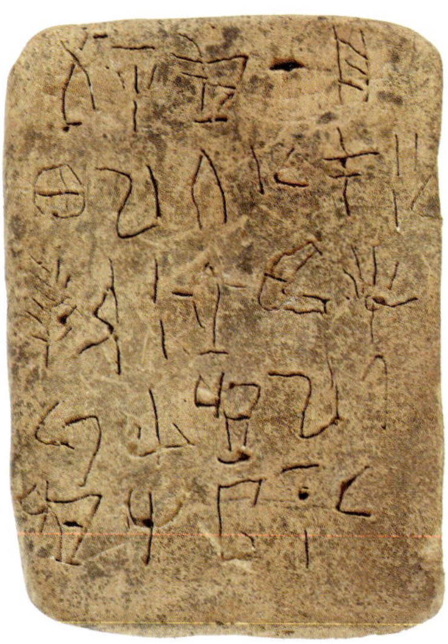

刻有A类线形文字符号的陶制铭牌。
考古博物馆，伊拉克利翁。

刻有B类线形文字符号的陶制铭牌。
考古博物馆，伊拉克利翁。

在伊文思挖掘克诺索斯王宫时找到的陶制铭牌上，可以看到一些A类线形文字。这些文字可能是用古克里特语言写成。伊文思还在克里特岛发现了晚些时候的文字痕迹，这些文字出现在亚该亚人入侵之后，伊文思将其命名为B类线形文字。之后在20世纪50年代，B类线形文字被迈克尔·温特里斯破译，他确定B类线形文字是早期的希腊语文字。

关于克里特文字最著名的文物是费斯托斯圆盘。1908年，意大利学者裴涅尔在费斯托斯王宫的密室里发现了这个圆盘，同时发现的还有克里特公牛的骨头。在其他地方再也没有见过和圆盘上类似的符号。

费斯托斯圆盘。考古博物馆，伊拉克利翁。

圆盘的来历很神秘。其上一个类似戴有羽毛饰品的人头符号，让学者们认为它是从小亚细亚西南沿岸流落到克里特岛上的，因为克里特人并不佩戴这种饰品。

直到今天，也无人能破译出费斯托斯圆盘上的文字。裴涅尔曾尝试破译过，他从圆盘上挑选出了45个符号，但也只能够推测它们的意思。

仔细看，你会发现在这些文字中间有一些熟悉的形象：人形、兵器、家畜、宗教符号、船只、牧草、橄榄枝以及各种几何图形。

正如学者们所猜想的，费斯托斯圆盘并非在陶制的模具里制作，而是在公元前1900年至公元前1700年之间手工制作而成。圆盘的两面都刻有符号，人们认为符号可能是从周边向中间刻制的。学者们是如何猜测出来的呢？看，靠近圆盘中心的符号排列得非常紧密，说明作者很难将自己的整篇文字写完。

消失的米诺斯文明去哪儿了?

亲爱的朋友，你就要合上这本书了，我们也将暂时告别。你会问，后来克里特发生了什么？我要说的是，这是一段悲惨的历史。

克里特岛曾是米诺斯人的美好家园。如果你住在那里，你会觉得这是世界上最好的地方。这是一片土地肥沃、水资源丰富的繁华疆域。岛本身就是一座坚固的堡垒，因为周围的大海挡住了所有的敌人。勇敢的克里特航海家们将克里特岛变成了地中海的贸易中心。克里特人非常聪明，他们将其所有优势都利用了起来。你可能会觉得这里的每一天都像过节。这个民族从不打仗，还创造了美不胜收的艺术品，因为这个民族是如此渴望将周围的一切美好事物都展现出来。

在距离克里特岛不远的圣托里尼岛上（锡拉岛），有一座沉睡的火山。约公元前1430年，在圣托里尼岛上发生了最可怕的火山爆发，它可能是由海啸引起的。巨大的海浪摧毁了岛上的居民点，保护了克里特岛很长时间的大海最终却变成了敌人。岛上大部分建筑物被摧毁了，米诺斯王国越来越衰败。而外敌就在这个时候入侵了克里特岛，他们是亚该亚人，古希腊的一个部落。克里特被入侵之后就成了希腊的殖民地。

圣托里尼岛。

尽管克里特岛是被和平征服的，但是岛上的一切都开始衰落。据说，公元前1370年还发生了一次自然灾害，米诺斯人重修了两次的美丽宫殿变成了一堆石头，许多居民点被毁坏得只剩下地基，之后再也没人去重建它们了……

你成为真正的米诺斯人了吗？

现在要对你进行测验了，回答下列问题，了解一切有趣的事情！

为下列问题选择一个正确答案。

1. 谁建造了迷宫？
a. 伊卡洛斯
b. 米诺斯
c. 代达罗斯
d. 阿里阿德涅

2. 下面哪个是米诺斯陶瓷风格？
a. 卡里马雷斯
b. 卡马雷斯
c. 马卡雷斯
d. 马雷斯

3. 阿里阿德涅给了忒修斯什么？
a. 食物
b. 盾牌
c. 双刃斧
d. 线团

4. 米诺斯人的祭祀雕塑叫什么？
a. 手握长蛇的女神
b. 握桨的姑娘们
c. 公牛的颅骨
d. 魔刀

5. 克里特最有名的居民点之一叫什么？
a. 古尔尼亚
b. 高尔尼亚
c. 库尔尼亚
d. 库里亚

6. 路易吉·裴涅尔在费斯托斯王宫发现了什么？
a. 费斯托斯圆盘
b. 费斯托斯盾牌
c. 费斯托斯酒器
d. 费斯托斯宝石

7. 希腊人把克里特岛的斗牛游戏叫作什么？
a. 米诺拉斯
b. 阿克罗拉斯
c. 乌拉多拉斯
d. 拉奎拉

8. 下面的词语中哪个表示大海？
a. 阿萨拉
b. 阿特拉萨
c. 阿塔萨
d. 塔拉萨

9. 宙斯抓住了谁？
a. 美洲
b. 亚洲
c. 欧罗巴
d. 南极洲

10. 下列哪一个是米诺斯人的祭神用具？
a. 神角
b. 转化角
c. 照明角
d. 酒角

参考答案：1. c；2. b；3. d；4. a；5. a；6. a；7. d；8. d；9. c；10. a。

书中所用插图

第8页 克里特岛全景，拍摄者：K. 科洛维尔什娜。

第9页 克里特岛，拍摄者：K.科洛维尔什娜，И.巴加耶娃。

第12页 壁画《跳舞的姑娘》，发现于1500年前的克诺索斯王宫里王后的内室。考古博物馆，伊拉克利翁。

第13页 游戏板，克诺索斯王宫，公元前1600年—公元前1500年。考古博物馆，伊拉克利翁。

第14页 米诺斯船模型。航海博物馆，汉尼亚。

第15页 檐壁，“西边的房子”（部分）。国家博物馆，雅典；
画有海豚的壁画（部分），来自米诺斯宫的王后内室，公元前1600年—公元前1500年。考古博物馆，伊拉克利翁。

第16页 今天的克诺索斯王宫；
克诺索斯王宫重建图；
带有柱廊废墟的克诺索斯王宫房间（局部）。
拍摄者：K. 科洛维尔什娜。

第17页 克诺索斯王宫的房间（局部），拍摄者：K. 科洛维尔什娜。

第18页 克诺索斯王宫平面图。

第20页 双8盾牌的图形，克诺索斯王宫，照片；
克诺索斯王宫的正殿。拍摄者：K. 科洛维尔什娜。

第21页 廊柱，克诺索斯王宫；
浴室，克诺索斯王宫；
下水道，克诺索斯王宫；
陶缸，克诺索斯王宫。

第22页《王子的杯子》，圣三一修道院，公元前1650年—公元前1500年。考古博物馆，伊拉克利翁。

第23页《戴百合花的王子》，克诺索斯王宫，公元前1600 年—公元前1500年。考古博物馆，伊拉克利翁。

第25页 古尔尼亚平面图。

第27页《收割人的花瓶》（局部）；
《收割人的花瓶》，圣三一修道院，公元前1550年—公元前1500年。考古博物馆，伊拉克利翁。

第29页 金色蜜蜂饰品。考古博物馆，伊拉克利翁。
费斯托斯王宫出土的饰品。考古博物馆，伊拉克利翁。

第30页 压榨橄榄油的石磙，拍摄者：K. 科洛维尔什娜。

第31页 壁画《番红花收割者》，克诺索斯王宫，公元前1700年—公元前1600年。考古博物馆，伊拉克利翁；
壁画《捕鱼者》，阿克罗提尼，约公元前1500年。国家博物馆，雅典。

第32页 克里特和迈锡尼战士的剑，公元前1450年—公元前1400年。考古博物馆，伊拉克利翁。

第33页 米诺斯陶制品。考古博物馆，汉尼亚。

第34页 米诺斯陶制房子模型，阿契尼斯，公元前1600年。考古博物馆，伊拉克利翁。

第35页 米诺斯陶瓷房子模型。考古博物馆，伊拉克利翁。

第36页《手持礼品的男女列队》（石棺上的细节），公元前1350年—公元前1300年。考古博物馆，伊拉克利翁。

第37页 壁画《巴黎女人》，克诺索斯王宫，公元前1600年—公元前1500年。考古博物馆，伊拉克利翁。

第38页《手握长蛇的女神》，克诺索斯王宫，约公元前1600年。考古博物馆，伊拉克利翁；
神角，象征大母神的同伴——公牛；
双刃斧——祭神用的两面斧，它形似蝴蝶。

第39页 壁画《男女列队》，公元前1600年—公元前1500年。考古博物馆，伊拉克利翁；
石棺，圣三一修道院，公元前1350年—公元前1300年。考古博物馆，伊拉克利翁。

第40页 公牛头角状杯，克诺索斯王宫，公元前1600年—公元前1500年。考古博物馆，伊拉克利翁；
壁画《与公牛搏斗》，克诺索斯王宫，公元前1450年—公元前1400年。考古博物馆，伊拉克利翁。

第46页 瓦西里基风格的花瓶。；
鸟型米诺斯器皿；
人头型米诺斯器皿；
停着好多只鸟儿的树。

第47页 卡马雷斯风格的花瓶，公元前1800年—公元前1650年。考古博物馆，伊拉克利翁；
卡马雷斯风格的花瓶（局部）；
海洋风格的器皿，来自费斯托斯宫和帕莱卡斯特罗，公元前1600年—公元前1500年。考古博物馆，伊拉克利翁。

第48页《蓝鸟》，克诺索斯王宫，公元前1600年—公元前1500年。考古博物馆，伊拉克利翁。

第49页 壁画（局部），阿克罗提尼，约公元前1550年。国家博物馆，雅典；
壁画《拳击》，约公元前1550年。国家博物馆，雅典。

第50页 基克拉泽斯人偶。考古博物馆，伊拉克利翁；
《手握长蛇的女神》，克诺索斯王宫，约公元前1600年。考古博物馆，伊拉克利翁。

第51页 陶制小雕像，来自加兹，公元前1500年—公元前1450年。考古博物馆，伊拉克利翁；
雕塑《翻越公牛的人》，克诺索斯王宫，公元前1600年—公元前1500年。考古博物馆，伊拉克利翁。

第52页 刻有故事情节的米诺斯戒指；

刻有女神和王后像的雕刻品；

刻有船只图像的米诺斯雕刻品（素描）。

第53页 米诺斯戒指，约公元前1550年。考古博物馆，伊拉克利翁；

米诺斯的“保护神”（素描）。

第54页 刻有象形文字的陶制铭牌。考古博物馆，伊拉克利翁；

刻有A类线形文字符号的陶制铭牌。考古博物馆，伊拉克利翁；

刻有B类线形文字符号的陶制铭牌。考古博物馆，伊拉克利翁。

第55页 费斯托斯圆盘。考古博物馆，伊拉克利翁。

该说再见啦！

我们一起完成了一个不可思议的旅程！但还没有结束。让我们一起停下来想想，我们是否了解了很多知识。我们知道米诺斯人是无法超越的大师，但却不知道他们在什么学校里学习；我们知道他们的宫廷是什么样子，但却不知道他们说什么语言；我们知道米诺斯人建造了欧洲早期的船只，但却不知道他们给自己的孩子讲什么童话故事，有哪些故事他们会代代相传。我们甚至不能准确知道米诺斯人从何而来，他们会把现在的或某个时期的哪些人称作亲属。

有一小部分学者将所能了解到的关于这个神奇民族的一切都进行了复原，毕竟米诺斯文明是“欧洲文明的摇篮”。现在你还有许多东西不明白，但在将来，也许你能独自向别人讲述一些他们还没来得及了解到的关于米诺斯的知识。如果你想看到更广阔的世界，那么，你需要走进历史！

勇敢的旅行者，祝你一切顺利！

图书在版编目（CIP）数据

解密古克里特岛 /（俄罗斯）E.扎维尔什涅娃，（俄罗斯）E.苏斯洛娃著；（俄罗斯）伊娜 · 巴加耶娃绘；王小婷译. —南京：译林出版社，2019.6
（穿越时空之旅书系）
ISBN 978-7-5447-7694-3

Ⅰ. ①解… Ⅱ. ①E… ②E… ③伊… ④王… Ⅲ. ①克里特岛－古代史－青少年读物 Ⅳ. ①K125-49

中国版本图书馆 CIP 数据核字（2019）第 055362 号

Мы живём во дворце Минотавра
We Live in Ancient Crete
Written by Ekaterina Zavershneva and Evgeniya Suslova, illustrated by Inna Bagaeva
Пешком в историю®

A Walk Through History Publishing House®

解密古克里特岛
［俄罗斯］E.扎维尔什涅娃 E.苏斯洛娃 / 著 ［俄罗斯］伊娜·巴加耶娃 / 绘 王小婷 / 译

责任编辑 宋 旸
特约编辑 刘 杨
装帧设计 薛顾璨
责任校对 蒋 燕
责任印制 单 莉

原文出版 A Walk Through History Publishing House®，2011
出版发行 译林出版社
地 址 南京市湖南路 1 号 A 楼，邮编：210009
邮 箱 yilin@yilin.com
网 址 www.yilin.com
市场热线 025-86633278
排 版 北京视通嘉业国际文化传媒有限公司
印 刷 恒美印务（广州）有限公司
开 本 787毫米 ×1092毫米 1/16
印 张 4
版 次 2019 年 6 月第 1 版 2019 年 6 月第 1 次印刷
书 号 ISBN：978-7-5447-7694-3
定 价 35.00元